1

www.ingramcontent.com/pod-product-compliance
Lightning Source LLC
Chambersburg PA
CBHW072151170526
45158CB00004BA/1602
* 9 7 8 1 0 7 8 1 3 5 8 2 5 *